BEI GRIN MACHT SICH IHR WISSEN BEZAHLT

AF168225

- Wir veröffentlichen Ihre Hausarbeit, Bachelor- und Masterarbeit

- Ihr eigenes eBook und Buch - weltweit in allen wichtigen Shops

- Verdienen Sie an jedem Verkauf

Jetzt bei www.GRIN.com hochladen und kostenlos publizieren

Spitzensport in der DDR. Sportlicher Ehrgeiz oder Prestigeobjekt?

GRIN

Bibliografische Information der Deutschen Nationalbibliothek:

Die Deutsche Nationalbibliothek verzeichnet diese Publikation in der Deutschen Nationalbibliografie; detaillierte bibliografische Daten sind im Internet über http://dnb.d-nb.de abrufbar.

ISBN: 9783346270566
Dieses Buch ist auch als E-Book erhältlich.

Druck und Bindung: Books on Demand GmbH, Norderstedt Germany
Gedruckt auf säurefreiem Papier aus verantwortungsvollen Quellen

Das vorliegende Werk wurde sorgfältig erarbeitet. Dennoch übernehmen Autoren und Verlag für die Richtigkeit von Angaben, Hinweisen, Links und Ratschlägen sowie eventuelle Druckfehler keine Haftung.

Das Buch bei GRIN: https://www.grin.com/document/940980

Inhaltsverzeichnis

1. Einleitung

Jedes Jahr werden die deutschen Bürger am 3. Oktober, dem Tag der Deutschen Einheit, daran erinnert, dass das Land über 40 Jahre lang in Ost und West geteilt war. Über 40 Jahre lang wurde das Leben der Ostdeutschen von der Staatspartei der Sozialistischen Einheitspartei Deutschlands[1] bestimmt. Auf alle Lebensbereiche wie Arbeit, Urlaub, Bildung und auch Freizeit hatte die SED Einfluss. Die Freizeit der jungen DDR-Bürger wurde vor allem durch die Jugendorganisation Freie Deutsche Jugend[2] bestimmt. In diese musste man gezwungenermaßen eintreten, da man ansonsten auf Rechte, wie zum Beispiel das Recht auf einen Studienplatz, verzichtete. Es stellt sich die Frage, in wieweit die Partei den Sport und vor allem den Spitzensport beeinflusst hat, um ihn für eigene Zwecke zu nutzen.

In der folgenden Arbeit wird die Frage geklärt, ob Spitzensport in der Deutschen Demokratischen Republik[3] als Mittel zum Zweck genutzt wurde. Um diese Frage zu beantworten, wird zu Beginn auf die Entwicklung und Struktur der Sportinstitutionen sowie auf den Weg eingegangen, den ein Sportler in der DDR durchlaufen musste, um ein Spitzensportler zu werden. Des Weiteren wird das Thema Sport und Politik mit Hilfe mehrerer Unterthemen ausführlich behandelt. Darüber hinaus werden Maßnahmen, welche zur Leistungssteigerung genutzt wurden genannt sowie auf die Sportlaufbahnen der Sportler Katarina Witt und Axel Mitbauer eingegangen. Schließlich werden die strafrechtlichen Konsequenzen nach der Wiedervereinigung aufgriffen, um die Frage zum Abschluss beantworten zu können.

2. Entwicklung und Struktur der staatlichen Institutionen im Spitzensport

Nach der Gründung der DDR stellte sich schnell die Frage, wie die Struktur des Sports in der DDR aussehen sollte. Man einigte sich darauf, dass es keine selbstbestimmte Organisationsbildung geben sollte und so wurden alle traditionellen Vereine abgeschafft. Ersetzt wurden diese von politischen Vereinen. Daraus bildeten sich Betriebssportgemeinschaften und Sportclubs, die dem jeweiligen Trägerbetrieb unterstellt waren und kein eigenes Vermögen besaßen.[4]

---

[1] SED
[2] FDJ
[3] DDR
[4] Vgl. https://www.mdr.de/damals/archiv/artikel75390.html (29.09.18)

Auf der 26. Tagung des Zentralkomitees der SED waren die DDR-Politiker der Ansicht, dass der Kapitalismus des westlichen Systems scheitern würde. Sie beschlossen deshalb, den Sozialismus durch einen weiteren Fünfjahresplan zu sichern. Mit der 3. Parteikonferenz der SED 1956, begann man mit dem Aufbau der Körperkultur. Der Sport wurde durch mehrere Veränderungen in seiner Struktur sowie seinem politischen Auftrag angepasst. Dadurch konnte er die Ziele der neuen Politik der SED besser verfolgen. Walter Ulbricht und Manfred Ewald forderten, dass Sport als Verteidigungskraft angesehen werden müsse. Der Sport der DDR sollte seinem Inhalt nach sozialistisch werden. Des Weiteren entschied der Ministerrat am 9. Februar 1956 über die weitere Entwicklung des Sports. Der Beschluss war eine Grundlage für viele wichtige Aktionen im DDR-Sport. Der Sport sollte in allen Bereichen schneller entwickelt werden, auf eine höhere Stufe gebracht und somit auch von allen Organisationen verstärkt gefördert werden. Mit dem Beschluss wollte man die ideologische und patriotische Erziehung aller im Jugend-, Massen-, Wehr- und Leistungssport verbessern.

Es hieß: *„Durch den Sport und das Wandern werden alle die Heimat besser kennen und lieben lernen. Die Fähigkeiten und die Kräfte, die Heimat zu schützen und mit ganzer Hingabe gegen die Feinde unseres Volkes zu verteidigen, werden wachsen"* (Pabst, 1980) .[5]

Die planmäßige und kontrollierte Entwicklung des Sports begann mit der Gründung des Deutschen Sportausschusses durch das Politbüro.[6]
Das Politbüro war das höchste Verwaltungsorgan und verabschiedete so genannte Leistungssportbeschlüsse. In Leistungsportbeschlüssen wurden langfristige Ziele und Konzepte festgelegt, wodurch organisiertes, planvolles und zielgerichtetes Handeln der im Sport Beteiligten gewährleistet werden sollte. Als Kontrollgremium entstand die Abteilung Sport des Zentralkomitees der SED.[7] Die Leistungssportkommission galt als zweithöchste Einrichtung des Sports. Zu ihren Hauptaufgaben zählte das Organisieren der Zusammenarbeit zwischen Trainern, Sportwissenschaftlern und Sportärzten. Außerdem sollte es die Wissenschaft in das Training miteinbeziehen sowie die Planung, Leitung und Kontrolle im Bereich des Leistungssports durchsetzen.[8] Eine weitere sportliche Institution war das Staatssekretariat für Körper und Kultur, dessen Aufgabe in der Durchsetzung der Leistungssportbeschlüsse und in der Bereitstellung technischer Voraussetzungen bestand. Der so genannte Wissenschaftliche Rat setzte zusammen mit dem Staatsekretariat für Körper und Kultur die Beschlüsse zur Entwicklung des Leistungssports durch. [9] Der

---

[5] Ulrich, Pabst: Sport–Medium der Politik. Bartels und Wernitz: Berlin 1980, 206f
[6] Vgl. https://www.mdr.de/damals/archiv/artikel75390.html
[7] Vgl. Reichelt, Frank: das System des Leistungssports. Tectum: Marburg 2006, 23
[8] Vgl. Reichelt, 37f
[9] Vgl. Reichelt, 33f

Deutsche Turn- und Sportbund[10] sollte die Jugend für Sport und Körperkultur begeistern, aber auch die Bildung und Erziehung fördern. Ihm waren die Betriebssportgemeinschaften und die Sportclubs[11] der Sicherheitsorgane, in denen die olympischen Sportarten trainiert wurden, unterstellt.[12]

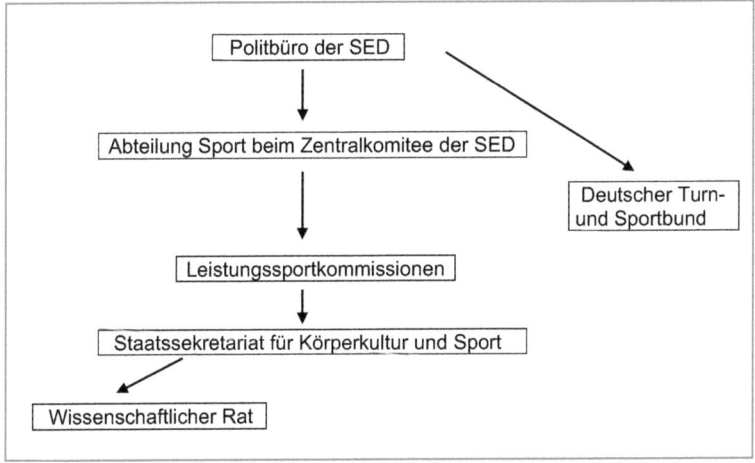

Abbildung 1: Hierarchie der Sportinstitutionen
(persönlich erstellt)

---

[10] DTSB
[11] SC
[12] Vgl. Reichelt, 46f

3. Der Weg zum Spitzensportler

3.1 Talentsichtung

Die Talentsichtung war aufgrund der geringen Bevölkerungszahl besonders wichtig. Man schuf deshalb ein einheitliches System zur Sichtung und Auswahl. Dabei wurden Daten von Schülern aller Altersklassen gesammelt. Dieses System wurde ab 1973 in der ganzen DDR angewandt. Die Talentfindung vollzog sich durch sportartspezifische Sichtung in Vorschulen und Schulen. Hierbei mussten die Kinder unter Aufsicht von erfahrenen Trainern Bewegungen machen. Die talentiertesten Kinder wurden ausgewählt und bei jeglichem Zweifel fand eine erneute Sichtung statt. Dabei wurden hauptsächlich Sportarten ausgesucht, die in der Schule nicht betrieben werden konnten oder einen großen materiellen Aufwand verursachten. Zu diesen Sportarten zählten zum Beispiel Eiskunstlauf, Rudern, Fechten und Turmspringen. Darüber hinaus wurden die Ergebnisse aus dem Schulsport und der Wettkämpfe zum Beispiel die der Spartakiaden ausgewertet. Zusätzlich wurde die Leistungsentwicklung der Kinder, welche in den Trainingszentren trainierten, beobachtet. Wenn keine Leistungsentwicklungen nachgewiesen wurden, versuchte man die Kinder in andere Sportarten umzulenken. So sollten alle Möglichkeiten ausgeschöpft werden.[13] Wie bereits erwähnt, waren die Sportspartakiaden ebenfalls eine Möglichkeit, talentierte Kinder zu sichten.1965 rief der DTSB das erste Mal zu den Spartakiaden auf, welche in allen Bezirken der DDR stattfinden sollten. Nach Vorwettkämpfen in den Schulen durften die besten Schüler aller Altersklassen an den Spartakiaden teilnehmen. Diese Veranstaltung wurde eingeführt, um eine möglichst große Anzahl von Kindern und Jugendlichen zum regelmäßigen Sporttreiben zu bringen und um talentierte Kinder gegeneinander antreten zu lassen. Die Spartakiaden fanden im Zweijahresrhythmus statt und trotz einer hohen Teilnehmerzahl gab es nur einen geringen quantitativen Zuwachs für die Leistungszentren.[14]

3.2 Talentförderung

Die Sportförderung war damals in der DDR in Stufen organisiert. Es gab insgesamt drei Förderstufen, in die die Kinder delegiert wurden, die nach der Sichtung und nach der Auswahl auch das Probetraining bestanden hatten. Die erste Förderstufe war das Training in

---

[13] Vgl. Reichelt, 114f
[14] Vgl. Reichelt, 123ff

den Trainingszentren, welche ab 1964 entstanden. Die Trainingszentren kooperierten mit den Verbänden und Sportklubs. In Gebieten, in denen es keine Trainingszentren gab, trainierten die Kinder in Trainingsstützpunkten und Schulsportgemeinschaften. In diese Förderstufe wurden jährlich ca. 26 000 Kinder aufgenommen. Trainingszentren wurden gebaut, um eine Abteilung zwischen dem Schulsport und den Kinder- und Jugendsportschulen zu schaffen. Beim Training wurde darauf geachtet, dass das Leistungsniveau der Kinder- und Jugendsportschulen erreicht wird, um die Kinder dann in diese zu überführen.[15] In der zweiten Förderstufe waren die Kinder- und Jugendsportschulen, die meist an Internate angeschlossen waren. Die Aufnahme in solche Schulen war nur durch eine Delegierung möglich. Nur die talentiertesten Kinder der ersten Förderstufe durften hier trainieren. Diese Art von Schulen wurden primär geschaffen, um die Schule und das Training besser koordinieren zu können und dem Training einen gewissen Vorrang einräumen zu können. Unmittelbar in der Nähe der Schulen befanden sich Standorte der jeweiligen Sportclubs. Dadurch konnte die schulische, sportliche und medizinische Betreuung besser abgestimmt werden. Ein großer Teil der Eltern waren positiv gestimmt, dass ihr Kind in eine Kinder- und Jugendsportschule delegiert wurde, da dies soziale und finanzielle Bevorzugungen mit sich zog. Dennoch waren die sportlichen Anforderungen an die Kinder sehr hoch. Sie waren je nach Sportart großer Belastung ausgesetzt.[16] Die letzte Förderstufe waren die Sportclubs des DTSB. Hier trainierten die besten Sportler und Sportlerinnen des Landes. Sie erhielten durch den jeweiligen Trägerbetrieb einen Studien- oder Ausbildungsplatz. Wie sehr ein Athlet unterstützt wurde, hing von seinen sportlichen Leistungen ab. Um diese zu bestimmen wurden seine Leistungen jedes Jahr mit dem internationalen Niveau seiner Sportart verglichen. So konnten die Sportler in drei Kaderstufen eingeteilt werden. Sportler, die sich in der dritten Kaderstufe befanden, wurden nur teilweise von ihrer Ausbildung freigestellt. Es handelte sich meistens um Reservesportler, Athleten aus Mannschaftssportarten, die kein Teil des Nationalmannschaftskaders waren oder Trainingspartner für Kampfsportarten. Die besseren Nachwuchssportler waren in der zweiten Kaderstufe untergebracht. Sie wurden pro Woche ca. 16 Stunden freigestellt. In der ersten Kaderstufe waren die besten Athleten, welche Teil der Nationalmannschaft waren. Trotz Freistellung von der Berufsausbildung erhielten sie ihren vollständigen Lohn. Teilweise wurden auch Spezialstundenpläne für Hochleistungssportler, die studierten, erstellt. Außerdem wurden Verlängerungen für das Studium und die Berufsausbildung mit eingeplant. Unter professionellen Bedingungen wurden die Athleten in den Sportclubs betreut. Zusätzlich bekam jeder Sportler eine

---

[15] Vgl. Reichelt, 129f
[16] Vgl. Reichelt, 134ff

Wohnung sowie eine sportmedizinische und psychologische Betreuung bereitgestellt.[17] Die Verbandstrainer und Institutionen sollten eine problemlose Überleitung in die nächste Förderstufe gewährleisten.[18]

Förderstufen   Sportler der Förderstufen

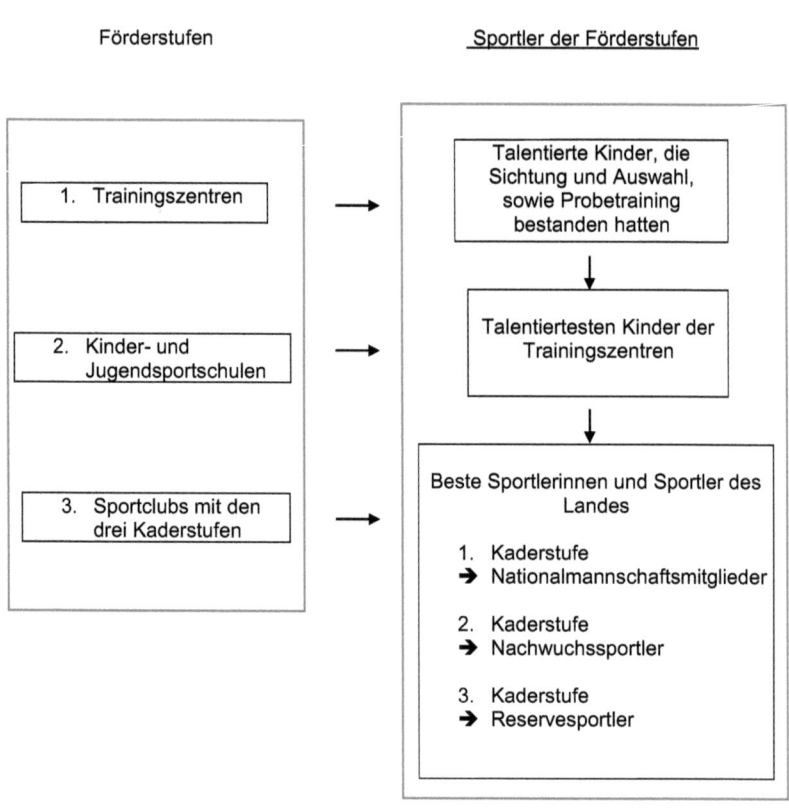

Abbildung 2: System der Sportförderung

(persönlich erstellt)

---

[17] Vgl. Reichelt, 139f
[18] Vgl. Reichelt, 135

6

4. Sport und Politik

4.1 Sport unter Einfluss der SED

Nach Ende des Nationalsozialismus wollten die westlichen Siegermächte in ihren Besatzungszonen die Demokratie durchsetzen. Die Sowjetunion hatte jedoch die Vorstellung in der Sowjetischen Besatzungszone den Kommunismus einzuführen. Mit diesem politischen Werdegang entwickelte sich auch der Sport in der DDR.[19] Die gesamte sportliche Abteilung wurde schließlich vom Deutschen Turn- und Sportbund geleitet. Er wurde vollständig von der Partei kontrolliert, da er nur aus SED-Funktionären bestand. Die Beschlüsse des Politbüros der SED nahmen direkten Einfluss auf den Deutschen Turn- und Sportbund. So sollte beispielsweise der Beschluss vom 27.03.1973 die Funktion des Leistungssports definieren.

Dort hieß es: *„Der Leistungssport der DDR trägt dazu bei, die Überlegenheit des Sozialismus weiter auszubauen und seine Ausstrahlungskraft zu vergrößern. Der Leistungssport unterstützt die Festigung des Staats- und Klassenbewusstseins der DDR [...]"* (Röder, 2008). [20]

In der DDR sollte der Sport von politischer Wichtigkeit sein. Er sollte bei der Bevölkerung Begeisterung für den neuen Staat hervorrufen und zugleich beim Neuaufbau der Gesellschaft helfen. Dadurch ließ sich nicht vermeiden, dass sich die westlichen und östlichen Staaten mit ihren unterschiedlichen politischen und sportlichen Ansichtsweisen gegenüberstanden. So kam es zum deutsch-deutschen Duell. Es ging nicht nur darum, wer das überlegenere System hat, sie kämpften auch darum, wer die Deutsche Nation repräsentieren durfte. Bis 1969 hatte nur die Bundesrepublik Deutschland[21] das Recht auf internationalen Wettkämpfen aufzutreten. Doch auch die DDR wollte als eigener Staat bei internationalen Wettkämpfen teilnehmen dürfen. Dadurch versuchte der SED-Staat internationale Anerkennung zu erlangen. Das Ansehen der DDR versuchte man mit sportlichen Erfolgen zu erhöhen. Folglich bestimmte der SED-Staat den Sport und baute ihn als Staatssport aus. Die DDR konnte viele Erfolge feiern und erkannte es als Sieg an, wenn die westdeutschen Sportler die DDR-Flagge gehisst wurde oder die ostdeutsche Hymne erklang. Auch während des Kalten Krieges nutzten die DDR-Führer den Sport, um die

---

[19] Vgl. Pabst, 57
[20] http://www.sport-ddr-roeder.de/nachwuchsleistungssport_3.html
[21] BRD

Überlegenheit des Sozialismus gegenüber dem Kapitalismus zu beweisen.[22] Darüber hinaus versuchte man auch den Jugendlichen einzuprägen, dass der Westen als Feind angesehen werden muss. Dieser sollte bekämpft und verachtet werden. Wenn Auslandsreisen in nichtsozialistische Wirtschaftsgebiete bevorstanden, fanden parteiideologische Belehrungen der Spitzensportler statt. Außerdem wurden spontane Interviews geprobt. So konnte die DDR-Führung sichergehen, dass die Sportler den Staatsrichtlinien folgten. Der Staatsvorsitzende Walter Ulbricht nannte die DDR-Sportler damals „Diplomaten" im Trainingsanzug. Durch diese Bezeichnung wird klar, welchen Wert der Sportler in der DDR hatte. Wenn wieder einmal ein Spitzensportler in seinem blau-weißen Sportdress auf dem ersten Platz stand, so hatte nach Ansicht der SED-Funktionäre nicht der Sportler als Mensch, sondern der Sozialismus als politisches System gesiegt. Mit der gezielten Förderung des Spitzensports konnte die DDR teilweise sogar die USA übertrumpfen wie zum Beispiel bei den Olympischen Spielen 1972 in München. Für die Bevölkerung war das eine angenehme Ablenkung vom sonst so enttäuschenden Alltag der DDR. Ein weiterer Punkt, warum der Sport für politische Zwecke genutzt wurde, war, dass die DDR bis 1973 weltweit nicht als eigenständiger Staat anerkannt wurde. Da sie nicht auf einer Augenhöhe mit anderen Staaten waren, war man in der DDR der Ansicht, dass das kapitalistische System einen Vorrang hatte, den man aufholen musste. Mit den Sportlern wollte man sich so im internationalen Ausland beweisen und dazu war den Funktionären jedes Mittel recht. Gewonnene Medaillen sollten die Überlegenheit des Sozialismus signalisieren.[23]

4.2 Manfred Ewald: Chef des Sportsystems

Manfred Ewald war einer der Hauptverantwortlichen und einflussreichsten Sportfunktionäre der DDR. Nach Ende des Zweiten Weltkriegs wurde er Mitglied der Kommunistischen Partei Deutschlands und war schon bei der FDJ als Funktionär tätig. Seine Karriere begann 1948. In diesem Jahr bekam er das Amt des Sekretärs im Deutschen Sportausschuss, welches er bis 1952 behielt. Danach war er bis 1960 Vorsitzender des Staatlichen Komitees für Körperkultur und Sport. Ab 1961 fungierte er schließlich als Präsident des DTSB und zusätzlich ab 1973 als Präsident des Nationalen Olympischen Komitees[24]. Auf politischer Ebene war er ab dem Jahr 1963 Mitglied des Zentralkomitees der SED. Für Manfred Ewald stand der leistungssportliche Aufstieg des DDR-Sports immer an erster Stelle. Dafür nahm er die Benachteiligung der nichtmedaillenträchtigen Sportarten sowie den Einsatz aller

---

[22] Vgl. Pabst, 23/93
[23] Vgl. Pabst, 209f
[24] NOK

verfügbaren sportmedizinischen Mitteln und Möglichkeiten in Kauf, egal ob diese nun legal oder illegal waren. Er galt als treibende Kraft des systematischen und planmäßigen Dopings. Ewald verfügte über hohes sportliches Fachwissen und große Detailkenntnisse. Die Erfolge des DDR-Sports unter seiner Führung bestätigen ihn in seiner Arbeit. Unter seiner Leitung gewannen die DDR-Athleten 160 Gold-, 153 Silber- und 141 Bronzemedaillen. So wuchs auch mit jeder weiteren Medaille die Rolle Manfred Ewalds im Staats- und Parteigefüge der DDR. Nach der Wende veröffentlichte er seine Biographie mit dem Titel *„Manfred Ewald – Ich war der Sport"*.[25]

Während der Zeit als mächtigster Sportfunktionär der DDR, standen ihm große Mengen an finanziellen Mitteln zur Verfügung. Mit diesen baute er einen immensen Personalapparat auf. So waren kurz vor der Wende ca. 10 000 Personen bei dem DTSB beschäftigt, die Hälfte davon waren Trainer. Weitere 8 000 waren bei den Sportvereinigungen Vorwärts und Dynamo angestellt. Knapp 600 hauptamtliche Trainer hatte allein der Deutsche Verband für Leichtathletik in der DDR. Der gesamtdeutsche Leichtathletik-Verband heute hat gerade mal 24 Trainer.[26]

4.3. Sportliche Zielvorgaben

1952 gründete die SED das Staatliche Komitee für Körperkultur und Sport. Dieses sollte den schwachen Leistungsstand verbessern, indem es den Betrieb der wichtigsten Sportarten bis Ende 1956 sicherte. Die Erfolge blieben jedoch aus. Deshalb wurde es zur Aufgabe des DTSB, auf internationaler Ebene erfolgreich zu werden. Die SED sah ein, dass man am Anfang nicht alle Rekorde für die DDR erobern konnte. Man beschränkte sich 1958 darauf, mehr Sportler in der gesamtdeutschen Olympiamannschaft zu haben sowie mehr Medaillen zu erlangen als Sportler aus der BRD. Beide Ziele konnten erreicht werden. Aufgrund der Förderung von den starken Mannschaftssportarten, kam die Mehrzahl der Sportler in der gesamtdeutschen Olympiamannschaft 1964 aus der DDR. Das Ziel, mehr Medaillen als die BRD zu erlangen, wurde schließlich 1968 erreicht. Das Leistungsziel für die Olympischen Spiele 1972 lautete, die Position, welche 1968 erreicht wurde, zu sichern und sich vor Westdeutschland zu platzieren. Nach der Olympiade 1976, bei der man im Medaillenspiegel den zweiten Platz hinter der Sowjet Union belegte, blieben die Hauptziele, die Überlegenheit des DDR-Leistungssports gegenüber der BRD zu beweisen und besser als die USA zu sein. Auch bei den darauffolgenden Spielen, welche aufgrund zweier Boykotte nicht wie üblich mit

---

[25] Vgl. https://rp-online.de/sport/ex-ddr-sportchef-manfred-ewald-gestorben_aid-8577487
[26] Vgl. http://www.spiegel.de/einestages/leistungssport-in-der-ddr-a-947003.html

allen Nationen stattfinden konnte, sollten diese Ziele erreicht werden. Für die Spiele in Seoul 1988 waren es ebenfalls dieselben Zielvorgaben wie bei den Spielen davor.[27]

4.4 Sportliche Erfolge des Systems

Nach Ende des zweiten Weltkrieges gründeten beide deutschen Staaten ein Nationales Olympisches Komitee, um bei den Olympischen Spielen teilnehmen zu dürfen. Es wurde jedoch nur das zuerst gegründete westdeutsche NOK vom Internationalen Olympischen Komitee[28] anerkannt. Das IOC forderte die Staaten auf, ein gemeinsames Team aufzustellen, doch die DDR weigerte sich. Dadurch nahmen bei den Sommerspielen 1952 in Helsinki nur westdeutsche Sportler teil. Schließlich veranlasste das IOC die deutschen Staaten, für die Spiele 1956 eine gemeinsame Mannschaft zu bilden. Man konnte sich jedoch weder auf eine gemeinsame Hymne noch auf eine Flagge einigen. Darum wurde als Nationalhymne ein Auszug aus „Ode an die Freude" von Beethoven gewählt. Die Flagge, die man entwarf, bestand aus den deutschen Nationalfarben, auf denen die fünf olympischen Ringe abgebildet waren. So nahm die gesamtdeutsche Mannschaft bis 1964 an den Olympischen Spielen teil.[29] Während dieser Zeit gab es harte Qualifikationswettkämpfe um die Olympiaplätze. Dennoch gefiel es der DDR nicht, mit dem kapitalistischen Feind eine Mannschaft gründen zu müssen, um bei den Spielen teilnehmen zu dürfen. Außerdem war die DDR schon bei vielen anderen internationalen Sportverbänden als gleichberechtigt angesehen. Deshalb entschied das IOC, dass die DDR 1968 mit einem eigenen Mannschaftsteil, welcher sich „Ostdeutschland" nannte, antreten durfte. Die Bedingung, unter derselben Flagge und Hymne wie Westdeutschland anzutreten, blieb jedoch bestehen. Die DDR erreicht bei ihrem ersten Auftreten bei den Olympischen Spielen den fünften Platz hinter Ungarn und konnte bereits mehr Medaillen als die BRD erkämpfen.
Da die Einschränkung von der DDR-Mannschaft nur widerwillig eingehalten wurde und die Frage nach einer eigenen Mannschaft von Seiten Ostberlins immer öfters gestellt wurde, beschloss das IOC, für 1972 zwei unabhängige deutsche Mannschaften antreten zu lassen. Damit begann auch das deutsch-deutsche Duell um die Medaillenplätze.[30] Letztendlich stand die DDR im Medaillenspiegel auf dem dritten Platz vor der BRD, aber hinter der USA und der

---

[27] Vgl. Reinartz, Klaus/Teichler, Hans Joachim: Das Leistungssportsystem in der DDR in der 80er Jahren und im Prozess der Wende.Hofmann: Schorndorf 1999, 27f
[28] IOC
[29] Vgl. https://www.ddr-museum.de/de/blog/archive/olympische-sommerspiele-und-die-ddr
[30] Vgl. https://www.zeit.de/1968/42/olympia-erfolg-der-ddr

Sowjetunion. Bei der nächsten Olympiade 1976 schaffte es die DDR sogar vor die USA und die BRD musste sich jedoch dem „großen Bruder", der Sowjetunion, geschlagen geben. Vier Jahre später kam es zu einem Boykott der Olympischen Spiele von 42 westlichen Ländern. Dadurch waren die Sowjetunion und die DDR bei diesen Spielen äußerst stark. Trotzdem gewann auch in diesem Jahr die Sowjetunion mehr Medaillen. 1984 boykottierten die sozialistischen Länder die Olympischen Spiele in Los Angeles. Das IOC befürchtete, dass es weiterhin zu Boykotten kommen könnte und berief eine Sitzung ein. Außerdem entspannte sich der Konflikt zwischen den beiden Mächten und bei den letzten Spielen 1988 vor der Wiedervereinigung traten die meisten Staaten wieder an. Auch in diesem Jahr erreichte die DDR im Medaillenspiegel, hinter der Sowjetunion, den zweiten Platz.[31] Mit diesen Erfolgen hatte das System auch die Zielvorgaben der politischen Machthaber erreicht. Die Abbildungen 3 und 4 auf der folgenden Seite zeigen die erfolgreiche Entwicklung des Sportsystems der DDR innerhalb von 20 Jahren anhand der Medaillenspiegel von 1968 und 1988. Die DDR war bei internationalen Wettkämpfen sehr erfolgreich. Bemerkenswert ist vor allem, dass sie es im Medaillenspiegel sehr oft vor die USA und die BRD geschafft hat, obwohl sie im Gegensatz zur BRD mit ca. 60 Millionen Einwohnern und der USA mit ca. 325 Millionen nur eine Einwohnerzahl von 16 Millionen besaß. Die DDR wurde aufgrund ihrer großen Erfolge, trotz einer so kleinen Einwohnerzahl, oft als Sportwunder bezeichnet.

---

[31] Vgl. https://www.ddr-museum.de/de/blog/archive/olympische-sommerspiele-und-die-ddr

	Gold	Silber	Bronze	Gesamt
1. USA	45	28	34	107
2. UdSSR	29	32	30	91
3. Japan	11	7	7	25
4. Ungarn	10	10	12	32
5. DDR (Deutschland)	9	9	7	25
6. Frankreich	7	3	5	15
7. Tschechoslowakei	7	2	4	13
8. BRD (Deutschland)	5	11	10	26
9. Australien	5	7	5	17
10. Großbritannien	5	5	3	13

Abbildung 3: Medaillenspiegel der Olympischen Sommerspiele 1968 in Mexiko[32]

	Gold	Silber	Bronze	Gesamt
1. UdSSR	55	31	46	132
2. DDR (Deutschland)	37	35	30	102
3. USA	36	31	27	94
4. Südkorea	12	10	11	33
5. BRD (Deutschland)	11	14	15	40
6. Ungarn	11	6	6	23
7. Bulgarien	10	12	13	35
8. Rumänien	7	11	6	24
9. Frankreich	6	4	6	16
10. Italien	6	4	4	14

Abbildung 4: Medaillenspiegel der Olympischen Sommerspiele 1988 in Seoul[33]

---

[32] Vgl. https://www.olympia-lexikon.de/Medaillenspiegel_Mexico_City_1968
[33] Vgl. https://www.olympia-lexikon.de/Medaillenspiegel_Seoul_1988

5. Maßnahmen zur Leistungssteigerung

Um ihre sportlichen Erfolge zu erreichen, war den Funktionären jedes Mittel recht, das sich neben dem intensiven Training zur Leistungssteigerung anbot.

5.1 Prämienanreize

Die Athleten der Sportclubs, welche meist Teilnehmer der Olympischen Spiele waren, wurden zum einen von den besten Trainern der DDR trainiert, zum anderen wurde ein klassifiziertes Prämiensystem eingeführt. Demnach erhielten die Sportler je nach Leistung verschiedenste Prämien. Dazu zählte beispielsweise, dass die Leistungssportler nicht bei gesellschaftlichen Verpflichtungen teilnehmen mussten, Auszeichnungen und Orden erhielten und, trotz Arbeitsbefreiung, den vollen Arbeitslohn bekamen. Noch lukrativer waren hingegen hochwertige Verbrauchsgüter, Auslandsreisen oder Geldprämien, welche die Sportler für Höchstleistungen und internationale Siege bekamen. Dieser Anreiz durch materielle Dinge führte zu Höchstleistungen. [34]

5.2 Doping

5.2.1 Doping in der DDR

Nach außen hin war die DDR gegen Doping und besaß sogar ein eigenes nationales Antidopingprogramm. Doch insgeheim wurde vom Staat ein flächendeckendes Dopingsystem organisiert. Dieses wurde mit dem Staatsplan 14.25 am 23. Oktober 1974 beschlossen. Ziel des Staatsplanes war es, die Möglichkeiten des Dopings zentral zu erforschen und die Dopingpraxis konspirativ einzusetzen. Hauptverantwortlicher war der Sportfunktionär Manfred Ewald. Er gründete die Arbeitsgruppe unterstützende Mittel. Sie entwickelte im 4-Jahresrhythmus Richtlinien zur Dopingforschung und zur Dopinganwendung. Diese Arbeitsgruppe war auch zuständig für die Ausreisekontrollen für die Wettkämpfe im Ausland.[35] Nicht nur die Sportfunktionäre, sondern auch das Ministerium für Staatssicherheit war bei der Durchsetzung und Kontrolle des Dopings beteiligt. Fast in

---

[34] Vgl. Pabst, 133
[35] Vgl. http://www.bpb.de/geschichte/deutsche-geschichte/stasi/219625/sport

jeder olympischen Sportart wurde gedopt. Die anabolen Drogen wurden als Grundlage der DDR-Erfolge genutzt. Man ging dabei von vier Hauptwirkungen aus. Sie sollten ein verstärktes Muskelwachstum hervorrufen, ein Gefühl der ungewohnten Leistungsfähigkeit bei den Sportlern entwickeln, eine hohe Belastbarkeit ermöglichen und Sportlerinnen zu einem männlicheren Körper verhelfen wie zum Beispiel beim Schwimmen.[36] Dies betraf nicht nur erwachsene Sportler. In Sportarten, in denen Jugendliche Spitzenleistungen erbringen mussten, wurden auch sie schon gedopt. Das passierte meist ohne jegliches Wissen der Sportler.[37] In Dokumenten wurde festgehalten, dass fast alle Nationalmannschafts-Schwimmerinnen gedopt wurden und das im Alter von 14 Jahren. Meist wurden sie durch das oft verwendete Anabolikum Oral-Turinabol hochgedopt. Aber auch im Mädchenkunstturnen wurde so gedopt, dass der Wachstumsprozess blockiert wurde. So blieben die Mädchen klein, schlank und beweglich. Die Substanzen wurden ihnen als gesunde Vitamine verkauft. Die meisten Jugendlichen hatten oft keine Ahnung, was ihnen in Wirklichkeit verabreicht wurde. Die tägliche Dopingration wurde von Sportmedizinern ausgesucht, medizinisch überwacht und die Nebenwirkungen gekonnt ignoriert. Nebenbei waren sie auch dafür verantwortlich, dass die Substanzen bei internationalen Dopingkontrollen nicht auffielen. Trainer sollten die Dosis mitbestimmen, die Drogen verteilen und beobachten, welche Wirkung sie hatten.[38] Die Jugendlichen hatten keine andere Wahl und mussten sie vor den Augen ihrer Trainer schlucken, damit man sichergehen konnte, dass jeder Sportler seine Dosis zu sich nahm. Die Athleten bekamen gesagt, dass sie mit keinem darüber sprechen durften. Das Zwangsdoping führte zu vielen Spätfolgen. Durch Hormondoping bekamen die Sportlerinnen Stoffwechselstörungen, ein erhöhtes Krebsrisiko, Stimmlagevertiefungen, die man nicht mehr rückgängig machen konnte sowie verstärkte Körperbehaarung und Störungen der Fruchtbarkeit. Außerdem gebaren manche Frauen behinderte Kinder.[39] Die Dopingopfer hatten auch mit psychischen Problemen zu kämpfen. Viele Opfer waren verbaler und sexueller Gewalt ausgesetzt. Andere mussten Hungerkuren machen und bekamen Essverbote. Sie wurden regelmäßig gewogen, was ebenfalls einen enormen Druck auslöste.[40]

---

[36] Vgl. Berendonk, Brigitte: Doping Dokumente. Springer: Berlin/Heidelberg 1991, 115
[37] Vgl. https://deutsche-einheit-1990.de/ministerien/mfjs/deutsche-doping-republik-das-dopingsystem-der-ddr/
[38] Vgl. Berendonk, 89
[39] Vgl. https://www.planet-wissen.de/gesellschaft/sport/doping_gefaehrliche_mittel/pwiedopinginderddr100.html
[40] Vgl. https://www.ndr.de/sport/mehr_sport/DDR-Leistungssport-Kindheit-unter-Qualen,ddrleistungssport100.html

5.2.2 Dopingopfer Dörte Thümmler

Die Weltmeisterin am Stufenbarren 1987 Dörte Thümmler war ebenfalls ein Opfer dieses Systems und muss auf eine Jugend mit Doping und Demütigung im Trainingsalltag zurückschauen. Dörte Thümmler wollte eigentlich immer Eiskunstlaufen, doch durch Kontakte ihrer Mutter ist sie in eine Kinder- und Jugendsportschule gekommen, um zu Turnen. Mit elf Jahren hat sie klar und deutlich gesagt, dass sie aufhören möchte. Doch durch Druck seitens der Trainer, Physiotherapeuten und Funktionären blieb sie und turnte weiter. Nach den Olympischen Spielen 1988, bei denen sie mit der DDR-Mannschaft Bronze holte, war ihr Rücken stark geschädigt. Es war klar, dass sie eine Pause machen musste und ihre Karriere somit beendet war. Auch in ihrem späteren Leben gab sie immer 100 Prozent, egal ob Haushalt, Beziehung, Kinder oder Job. Sie kannte keine Grenzen, weder körperliche noch seelische. Die Grenzen wurden durch das Training früher immer überschritten und so lernte sie selbst nie Grenzen zu setzen. Nach der Geburt ihrer zwei Söhne war sie völlig ausgebrannt, sie hatte einfach keine Kraft mehr. Dieses chronische Erschöpfungssyndrom hat sie seit 2006. Es wurde diagnostiziert, dass sie nur noch 30 von 100 Prozent Kraft besitzt. Diese Erkrankung kam von den Dopingmitteln, welche auch Dörthe Thümmler genommen hatte. Sie erinnert sich daran, dass Oral-Turinabol immer in Eiweißpralinen oder Kaugummi drin war. Beim Essen und beim Trinken von Eiweißshakes wurden sie überwacht. Die Turnerinnen mussten ständig Urin, Blut und Laktat zur Analyse abgeben. Für welche Zwecke die Abgaben untersucht wurden, wurde nicht gesagt.[41] Die Turnerinnen wurden von ihren Trainern psychisch unter Druck gesetzt, sie wurden angeschrien und nicht selten flogen Geräte durch die Halle. Doch keiner hat etwas dagegen unternommen. Auch heute kann Dörte Thümmler nur schwer Stolz empfinden, da dieses Gefühl früher nie zugelassen wurde. Die Mädchen hatten keine Vertrauensperson, selbst Dörte Thümmlers Stiefvater, der Leiter der Sportmedizinischen Abteilung des SC Dynamo Berlins war, interessierte sich nur für die Erfolge und seine Karriere. Mittlerweile muss Dörthe Thümmler regelmäßig Medikamente nehmen und auch ihre Kinder leiden unter den Krankenhausaufenthalten ihrer Mutter. Doch auf eine Entschädigung müssen Dopingopfer wie Dörthe Thümmler meist lange warten.[42]

---

[41] Vgl. Dörthe Thümmler/Sandra Schmidt: „Für mich war Turnen immer ein muss". In. LEON 04/2018, 28-30
[42] Vgl. Dörthe Thümmler/Sandra Schmidt: „Wir waren wirklich komplett ausgeliefert". In. LEON 05/2018, 22-23

5.2.3 Dopingopfer Andreas Krieger

Ein weiteres Dopingopfer ist die Europameisterin im Kugelstoßen Heidi Krieger, mittlerweile bekannt als Andreas Krieger. Damals, noch als Heidi Krieger, wurde sie wie viele andere Kinder gesichtet und in eine Sportschule delegiert. Sie war ehrgeizig und wollte Leistung bringen. Als ihre Sportkameradin Ilona Slupianek [43] bei den Olympischen Spielen 1980 in Moskau siegte, ist Heidi Krieger besonders angetan. Ihre Kollegin wird als Heldin gefeiert und hat viel mit Politikern zu tun. Diese Anerkennung möchte die junge Heidi Krieger ebenfalls erfahren und trainiert noch härter. Im Kugelstoßen schafft sie 15,50 m im Jahr 1981. 1982 bekam sie schließlich von ihrem Trainer Willi Kühl das erste Mal blaue Pillen, welche in Silberpapier eingewickelt waren. Kühl meinte, dass das unterstützende Mittel sein, die zum Ausgleich für den erhöhten Trainingsumfang genutzt werden. Bei den Pillen war kein Beipackzettel dabei. Doch das kümmerte Heidi Krieger nicht, denn wie viele andere Sportler vertraute auch sie ihren Trainern. Diese Pillen waren in Wirklichkeit Testosteron-Pillen wie Oral-Turinabol. Mit 16 Jahren wird sie als „Sportlerin 54" in das Dopingprogramm der DDR aufgenommen. Nach 14-wöchiger Einnahme von insgesamt 885 mg Oral-Turinabol, wirft sie schon 16,82m weit. Ihr Körper beginnt sich zu verändern. Sie bekommt mehr Muskeln, wird dicker und bekommt männlichere Züge. Sie macht sich nicht viele Gendanken darüber, da es Vereinskollegen genauso ergeht. Der Leistungsauftrag für 1982/83 besagt, dass sie die 18 m im Kugelstoßen erreichen soll. Dadurch soll Heidi Krieger die Goldmedaille bei den Jugendmeisterschaften holen. Sie erreicht dieses Ziel durch die 22-wöchige Einnahme von insgesamt 1820 mg Oral-Turinabol und erfüllt somit die Erwartung der Partei.[44] Bei den Europameisterschaften 1986 in Stuttgart wirft sie 21,10 m und holt Gold für die DDR. Den Platz von Ilona Slupianek hat nun Heidi eingenommen. Sie wird gefeiert und bekommt von Honecker Glückwünsche per Telegramm geschickt. Sie trainiert immer weiter, allerdings werden weitere Schäden des Dopings deutlich. Heidi Krieger hatte Rückenschmerzen, Muskeln und Knochen waren überbelastet und dazu kamen seelische Probleme. 1991 schließt sie ihre Sportlerkarriere ab. Zu dieser Zeit wiegt sie 100 kg bei einer Größe von 1,87 m. Nach dem Ende des Leistungssports bleiben die Schäden. Sie fühlt sich unwohl in ihrer Haut, wird depressiv und hat Selbstmordgedanken. Sie spricht über Transsexualität und spielt mit dem Gedanken eine geschlechtsangleichende Operation machen zu lassen. Im März 1997 erfolgt diese Operation schließlich und von dort an nennt sich Heidi Krieger Andreas Krieger. Durch das Zwangsdoping der DDR hat sich das Leben von Heidi Krieger einschneidend verändert. Als Entschädigung, für das was ihm angetan

---

[43] Olympiasiegerin für die DDR 1980 im Kugelstoßen
[44] Vgl. http://spiegel.de/sport/sonst/dopingopfer-krieger-vom-staat-missbraucht-a-643223.html

wurde, bekam Andreas Krieger eine Summe von 10 000 Euro. Besonders an diesem Beispiel sieht man, dass das SED-Regime vor langfristigen, negativen gesundheitlichen Folgen des Dopings nicht zurückschreckte, um sportliche Erfolge zu erreichen.[45]

6. Unterschiedliche Laufbahnen der Sportler im System

6.1 Sportlerflucht

Von 1949 bis 1989 flüchteten über 600 Trainer, Sportler und Ärzte in den Westen. Teilweise waren es sogar ganze Mannschaften, die Möglichkeiten nutzten, um zu flüchten. Die Flüchtlinge waren so genannte Sportverräter, wie sie in der DDR genannt wurden. Obwohl viele Sportler privilegiert waren und beispielsweise mehr Geld verdienten und Autos mit kürzerer Wartezeit bekamen, wollten einige Sportler nicht in der DDR bleiben. [46] Das lag vor allem daran, dass viele die SED-Diktatur ablehnten. Darüber hinaus bekamen sie Berufseinschränkungen oder Sportverbote und mussten so um ihre Existenz fürchten, falls bekannt wurde, dass sie mit dem Westen sympathisieren.[47] Die Sportler haben die andere Welt außerhalb des SED-Staates bei internationale Wettkämpfe kennengelernt. Sie wussten, wenn sie mit dem Sport aufhörten, waren sie Gefangene in ihrem eigenen Land. Besonders Sportler mit Westkontakten wurden vom Ministerium für Staatssicherheit überwacht.[48] Aber vor allem das staatlich organisierte Zwangsdoping, der Leistungsdruck und auch die ständige Überwachung waren Gründe, weshalb so viele Sportler flüchteten. Die Überwachung der Stasi wurde primär durchgeführt, um Fluchtpläne zu vereiteln und damit es nicht zur Enthüllung des Dopings kam. Fluchten gelangen auf verschiedensten Wegen. Zum Beispiel durch Qualifikationswettkämpfe oder Trainingslager, bei denen sich die Athleten im Ausland absetzten und untertauchten. Dennoch war das äußerst schwierig, da die Mannschaften oft von Mitarbeitern des Ministeriums für Staatssicherheit begleitet wurden. Eine andere Möglichkeit war es, mit einem speziellen Reisepass für Sportler zu flüchten. Andere wiederrum flohen mit Hilfe von westdeutschen Sportlern im Doppelboden eines

---

[45] Vgl. https://www.planet-wissen.de/gesellschaft/sport/doping_gefaehrliche_mittel/pwiedopingopferheidikrieger100.html

[46] Vgl. https://www.zeit.de/sport/2011-07/juergen-may-stasi-ddr-sport-flucht

[47] Vgl. http://www.spiegel.de/spiegel/print/d-45548080.html

[48] Vgl. https://www.n-tv.de/sport/fussball/Falko-Goetz-ein-abgeworbener-Verraeter-article11662021.html

Kleinbusses oder, indem sie über die Ostsee dem SED-Staat davon schwammen, so wie
Axel Mitbauer. [49]

6.1.1 Flucht des Axel Mitbauers

Der 19-jährige Axel Mitbauer war ein sehr talentierter Schwimmer und durfte somit durch
internationale Wettkämpfe in Rom und Stockholm die Welt bereisen. Er qualifizierte sich
sogar bei den Olympischen Spielen 1968 in Mexico-City. Doch er wollte schon bei den
Internationalen Meisterschaften in Budapest die DDR verlassen. Dafür hatte er jedoch
keinen ausgefeilten Fluchtplan, sondern besprach sich mit westdeutschen Sportlern, die ihm
ihre Hilfe anboten. Durch Briefaustausch wurde seine Flucht organisiert. Unglücklicherweise
wurden manche Briefe von der Stasi abgefangen. Mitbauer wurde nach Berlin gebracht und
dort wochenlang festgehalten. Eine viel größere Strafe war hingegen, dass er eine
lebenslange Sperre für alle Sportarten und Sportanlagen bekam. Sport in jeglicher Form war
ihm untersagt. Sogar Fußball spielen auf einer Wiese war ihm verboten. Er hatte keine
Erlaubnis, bei internationalen Wettkämpfen teilzunehmen und so war ihm die leichteste
Möglichkeit zu flüchten, ebenfalls verwehrt worden. Der Schwimmer war noch nicht Opfer
des staatlichen Dopingsystems, welches erst ab 1970 begann. Allerdings hatten seine Eltern
und auch er selbst eine negative Einstellung gegenüber dem SED-Regime. Darüber hinaus
kannte er die Welt außerhalb dieses Staates und wollte raus. Er schmiedete wieder einen
Plan, dieses Mal jedoch allein. Axel Mitbauer begann, in Leipzig und Umgebung in
Baggerseen zu trainieren. Auf einem Zeltplatz in Boltenhagen zeltete er eine Woche lang,
doch zuvor musste er einige Stasi-Mitarbeiter abhängen, die ihn noch immer verfolgten.
Während dieser Woche beobachtete er Grenzen, Scheinwerfer und die Polizei. Ihm fiel auf,
dass die Scheinwerfer, welche zum Absuchen der Strände genutzt wurden, jeden Abend zur
Abkühlung eine Minute abgeschaltet wurden. Diese Gelegenheit nutzte er. Er musste jedoch
aufpassen, in dieser einen Minute in das tiefe Wasser zu gelangen. Der Schwimmer entkam
den Scheinwerfern und somit auch der SED-Diktatur. Er machte sich kaum Sorgen über die
Distanz oder die Orientierung. Die 20 Kilometer, welche zu schwimmen waren, entsprachen
dem damaligen Trainingsumfang und zur Orientierung nutzte er die Sterne, wie er es in der
Schule gelernt hatte. Aber er hatte sich keine Gedanken über die Wassertemperatur
gemacht. Das 18 Grad kalte Wasser wurde zum Problem und so entschied er sich ca. 17
Kilometer von der DDR-Küste entfernt auf eine Boje zu klettern. Dort wartete er ca. vier
Stunden bis der Wachoffizier des Fährschiffs „Nordland", welches Richtung Travemünde
unterwegs war, ihn bemerkte, beidrehte und über die Lotsenleiter mitnahm. Das Schiff nahm

---

[49] Vgl. http://www.spiegel.de/spiegel/print/d-45548080.html

ihn bis nach Bonn mit. Er machte weiter mit dem Leistungssport und wurde ein weiteres Mal Europameister. Das war sein letzter großer Erfolg und so beendete er seine Schwimmkarriere. Axel Mitbauer begann bald darauf seine Karriere als Schwimmtrainer und ist auch heute noch erfolgreich als Trainer tätig.[50]

6.2 Katarina Witt

Auf der anderen Seite gab es Sportler wie Katarina Witt, die in der DDR geblieben ist und ihre Erfolge als Vorteil genutzt hat. Über den operativen Vorgang „Flop", wie Katarina Witt von der Stasi bezeichnet wurde, gibt es 27 Stasibände mit insgesamt 3103 Seiten. Die zweifache Olympiasiegerin im Eiskunstlaufen wurde schon als junge Sportlerin überwacht.[51] In den Stasi-Dokumenten steht geschrieben, dass sie durch Forderungen verschiedenste Prämien erhalten hat und sich so in der DDR am westlichen Luxus erfreuen konnte. Witt hatte eine Schwäche für Autos. Einmal verursachte sie einen Totalschaden an einem blauen Lada, welchen sie von der Stasi bekam. Daraufhin forderte sie zunächst einen VW-Kleinbus und schließlich einen knallroten VW-Golf, welchen sie überreicht bekam, nachdem sie mit dem olympischen Orden ausgezeichnet wurde. Selbst als sie den Führerschein entzogen bekam, wandte sie sich an die Stasi. Sie machten Witt zwar darauf aufmerksam sich in Zukunft an die Straßenverkehrsordnungen zu halten, gaben ihr dennoch den entzogenen Führerschein zurück. Die Stasi half nicht nur beim Beschaffen notwendiger Dinge. Sie mussten auch Fernseh- oder Autoreparaturen vornehmen. Bei ihren Wohnungswünschen half das Ministerium ebenfalls Zunächst bekam sie ein Einfamilienhaus. Etwas später sollten sie für Katarina Witt eine Vierzimmerwohnung in Berlin auftreiben. Die Beschaffung der Wohnung war nicht ganz unkompliziert, dennoch klappte es am Ende. Die Olympiasiegerin erkundigte sich sogar, wie man Mitarbeiter beim Ministerium für Staatssicherheit wird. Sie, als gefeierte Sportlerin, sollte Werbung für die DDR machen und bekam im Gegenzug dafür viele Prämien. Aus den Stasi-Unterlagen geht die Zusammenarbeit zwischen der Sportlerin und dem Ministerium sowie dem Staat deutlich hervor.[52] In ihrer Biographie „Mein Leben zwischen Pflicht und Kür" schreibt sie, dass viele der Berichte falsch sind. Sie erzählt, dass sie diese Prämien geschenkt bekommen hat. Für ihren Berufswunsch hingegen wurden die

---

[50] Vgl. https://www.morgenpost.de/sport/article105050814/Flucht-aus-der-DDR-als-Wettkampf-des-Lebens.html /
[51] Vgl. Witt, Katarina: Mein Leben zwischen Pflicht und Kür. C.Bertelsmann: München 1994, 26
[52] Vgl. https://www.welt.de/print-wams/article603378/Die-Stasi-Akten-der-Katarina-Witt.html

nötigen Voraussetzungen geschaffen oder es wurde ein Antrag für eine Reisegenehmigung gestellt, als sie Micheal Jackson hören wollte. Es steht somit Aussage gegen Aussage. Aus den Stasi Unterlagen geht hervor, dass sie genau wusste, dass sie das Aushängeschild der DDR war und das nutzte sie aus. Die Stasi und die Staatsführung hatten Angst Katarina Witt würde ihnen den Rücken kehren, wenn sie den Wünschen der Spitzensportlerin nicht nachkamen. Witt wusste, dass sie „das schönste Gesicht des Sozialismus" war. Selbst als die DDR kaum noch existierte, versicherte sie dem Staat die Treue und war bereit den Staat weiterhin als sozialistische Persönlichkeit zu repräsentieren. Nachdem die Akten öffentlich wurden, verteidigte sie sich und behauptete, sie hätte nicht den Mut gehabt, sich gegen den Staat und ihre Unterstützer zu stellen und damit gegen diejenigen, denen sie ihre Erfolge zu verdanken hatte. [53]

7. Strafrechtliche Konsequenzen nach der Wiedervereinigung

Viele Trainer, Sportmediziner und Funktionäre des DDR-Sports bekamen ihre Strafe für das systematische Doping der Sportler erst sehr spät. Die ersten Urteile fielen fast 10 Jahre nach der politischen Wiedervereinigung. Das Berliner Landgericht hatte es mit über 100 Prozessen zu tun. Den Angeklagten wurde entweder Körperverletzung oder Beihilfe zur Körperverletzung durch die Vergabe von Anabolika vorgeworfen. Einer der ersten Prozesse lief gegen insgesamt sechs Trainer und Ärzte des SC Dynamo Berlins. Alle Angeklagten gaben die Vergabe von anabolen Mitteln an minderjährige Sportler zu. Dennoch musste ein Trainer beispielsweise nur eine Geldstrafe von 7 200 Mark zahlen und ein Selektionsarzt eine von 9 000 Mark. Gegen einen weiteren Trainer wurde das Verfahren, aufgrund von zu geringer Schuld gegen Zahlung von 5 000 Mark, sogar eingestellt. Bernd Pansold, der frühere Chefarzt des SC Dynamo, wurde zur Zahlung einer Geldstrafe von 14 400 Mark verurteilt. Die höchste Summe von 45 000 Mark und sechs Monate Haft auf Bewährung erhielt der frühere Direktor des Sportmedizinischen Dienstes der DDR, Dietrich Hannemann. Der langjährige DDR-Sportchef sowie der ehemalige Sportarzt Manfred Höppner waren beide zentrale Figuren des Staatsdopings. Doch auch Manfred Ewald bekam lediglich 22 Monate Haft auf Bewährung und Manfred Höppner nur 18 Monate Haft auf Bewährung. Beide haben sich der Beihilfe zur Körperverletzung, durch die heimliche Vergabe von männlichen Hormonen an Erwachsene sowie minderjährige Sportler, schuldig gemacht. Wie die oben genannten Beispiele zeigen, kam es nur selten zu Freiheitsstrafen. Meistens wurde

---

[53] Vgl. Witt, 23/28/177/182f

nur Haft auf Bewährung oder milde Geldstrafen vergeben, da es an Beweisen fehlte. Teilweise wurden Verfahren sogar ganz eingestellt.[54]

8. Fazit

Anhand der Arbeit soll abschließend beurteilt werden, ob der Spitzensport der DDR-Regierung als Mittel zum Zweck genutzt wurde. Der Spitzensport hatte für die DDR-Führung eine enorme Bedeutung. Sie wollten mit ihm den Sozialismus sichern und ihn als Verteidigungsmittel gegen andere Staatsformen, wie beispielsweise gegen den Kapitalismus, nutzen. So kam es auch zum deutsch-deutschen Duell. Die BRD und DDR kämpften darum, wer die deutsche Nation im Ausland vertreten durfte, als nur eine deutsche Mannschaft bei internationalen Wettkämpfen zugelassen war. Um das zu erreichen, legte die DDR durch Leistungssportbeschlüsse Ziele fest, die erreicht werden mussten. Man wollte mehr Medaillen als der Klassenfeind BRD gewinnen und sich bei internationalen Wettkämpfen vor der BRD als auch vor den USA platzieren. Durch diese Erfolge wollte sich die DDR gleichzeitig internationale Anerkennung sichern und im Ausland als eigenständiger Staat anerkannt werden, was bis 1973 noch nicht der Fall war. Sportliche Niederlagen wurden ungern gesehen. Der Sportler musste laut Walter Ulbrich als „Diplomat im Trainingsanzug" fungieren. Durch diese Bezeichnung wird deutlich, dass es nicht wichtig war, welche Erfolge die Sportler für sich erreichten, sondern wie die Erfolge die DDR und somit den Sozialismus stärker und mächtiger dastehen ließen. Damit der Sportler wirklich als Diplomat fungierte und nicht der DDR beziehungsweise dem Sozialismus den Rücken kehrte, ordnete die Regierung parteiideologische Belehrungen an und probte spontane Interviews. Damit wurde nichts dem Zufall überlassen. Ein weiterer Beleg dafür, dass der Sport ausschließlich dem staatlichen Zwecke diente ist, dass es ein ausgearbeitetes Sichtungsprogramm gab, das alle jene Sportler auswählte, die für die DDR mit großer Wahrscheinlichkeit Medaillen erringen würden. Gab es Zweifel am Talent eines Kindes, erfolgte eine erneute Sichtung. Auf den Willen des Kindes wurde dabei nicht geachtet. Aber auch das Förderprogramm wurde akribisch ausgearbeitet, damit die talentiertesten Kinder ihr Talent für die Erfolge der DDR nicht verschwendeten. Ziel war es, die Kinder immer auf das Leistungsniveau der nächsten Förderstufe zu bringen, damit sie in diese auch wechseln konnten. Kam es zu einer Leistungsstagnation, wurden die Kinder in andere Sportarten umgelenkt. Es sollten alle Möglichkeiten ausgeschöpft werden, um in der Zukunft keine Erfolge für die DDR zu

---

[54] Vgl. https://www.augsburger-allgemeine.de/sport/Die-wichtigsten-Urteile-zum-Doping-im-DDR-Sport-id8555081.html

versäumen. Dass das Training immer an erster Stelle stand war selbstverständlich und damit es ohne Zeitverlust stattfinden konnte, waren oftmals Internate an die Kinder- und Jugendsportschulen angeschlossen. Diese Vorrangstellung des Trainings und des Sports nahm mit dem Alter der Athleten zu. Je nach Kaderstufe wurde man von der Ausbildung freigestellt, es gab Spezialstundenpläne für studierende Hochleistungssportler und es wurden Verlängerungen des Studiums und der Ausbildung mit eingeplant. Dies alles um sportliche Erfolge zu garantieren und somit die Überlegenheit des Sozialismus zu beweisen. Damit der Sport wirklich diesen Zweck erfüllte, wurde er ausschließlich vom Staat gelenkt. Für einflussreiche Sportfunktionäre wie Manfred Ewald war der leistungssportliche Aufstieg immer das Wichtigste. Dies hatte zur Folge, dass die nichtmedaillenträchtigen Sportarten benachteiligt oder gar nicht mehr ausführt wurden. Es spielte keine Rolle, wie viel Spaß sie machten oder wie talentiert man in der Sportart war. Darüber hinaus waren im Sport fast 20 000 Personen beschäftigt, um die Kinder zu Hochleistungssportlern zu trainieren und Erfolge zu sichern. Damit die Sportler das harte Training durchhielten und Bestleistungen erreichten, wurde auch zu illegalen Mitteln gegriffen. Der Staat baute ein flächendeckendes Dopingsystem auf. Man ordnete Dopingforschung an, um durch gezielte Anwendung einen deutlichen Vorteil in Wettkämpfen zu erlangen. In fast allen olympischen Sportarten wurde gedopt, dabei wurde schon bei jugendlichen Sportlern begonnen. Das ist besonders bedenklich, da dadurch die körperliche Entwicklung eingeschränkt wurde. Mädchen bekamen Stimmlagenvertiefungen, Stoffwechselstörungen oder der Wachstumsprozess wurde durch das Dopen gestoppt. Dies sind nur einige Folgen, mit denen die Sportler unfreiwillig leben mussten. Denn die Durchführung des Dopings erfolgte fast ausschließlich ohne Einwilligung und Wissen der Sportler. Die Verantwortlichen ignorierten die Folgen. So muss heute beispielsweise die ehemalige Weltmeisterin am Stufenbarren Dörthe Thümmler mit einem chronischen Erschöpfungssyndrom leben. Die Europameisterin im Kugelstoßen Heidi Krieger musste sich einer Geschlechtsumwandlung unterziehen und heißt mittlerweile Andreas Krieger. Für die Sportfunktionäre war nur wichtig, dass die Sportler durch das Doping bessere Leistungen erbringen konnten, mehr Erfolge erzielt wurden und so der Sozialismus als überlegenere Staatsform angesehen wurde. Doch viele Sportler kamen mit der SED-Diktatur nicht klar. Sie hielten den Leistungsdruck, das Zwangsdoping sowie die ständige Überwachung durch das Ministerium für Staatssicherheit nicht aus. Der Staat wollte durch die Überwachung Fluchten aus der DDR in den Westen verhindern und so auch das Doping geheim halten. An Axel Mitbauers Fluchtweg über die Ostsee zeigt sich, dass Sportler ihr Leben riskierten, um aus dem Sportsystem der DDR zu fliehen. Um diese Fluchten zu verhindern wurde sogar ein klassifiziertes Prämiensystem erstellt, damit man die Sportler nicht an den Westen verliert.

Einige Sportler wie Katarina Witt nutzten dieses Prämiensystem. Wenn sie Medaillen mit nach Hause brachte, forderte sie im Gegenzug sogar Geschenke. Sie galt als das Aushängeschild der DDR und arbeitete mit dem Staat zusammen. Trotz des Leistungsdrucks, blieb sie wegen des privilegierten Lebens, das der Staat ihr bot, in der DDR. Man nutze den Spitzensport aber nicht nur um im Ausland anerkannt und angesehen zu werden. Man nutze den Sport auch, um das Staats- und Klassenbewusstsein der eigenen Bevölkerung zu festigen. Die Bürger sollten sich durch den Sport mit dem Staat und dessen politischer Ideologie identifizieren. Sie sollten durch die Erfolge Begeisterung für den Staat entwickeln und so auch beim Neuaufbau der Gesellschaft helfen. Doch an Erich Honeckers Zitat: *„Sport ist nicht Selbstzweck, sondern Mittel zum Zweck!"*, das er bereits 1948 sagte, geht am besten hervor, dass der Spitzensport ausschließlich dem Staat für politische Zwecke dienen sollte und nicht dem Individuum.

9. Quellenverzeichnis

9.1 Literaturquellen:

1. Berendonk, Brigitte: Doping Dokumente. Springer: Berlin/Heidelberg 1991.
2. Dörthe Thümmler/Sandra Schmidt: „Für mich war Turnen immer ein muss". In. LEON 04/2018.
3. Dörthe Thümmler/Sandra Schmidt: „Wir waren wirklich komplett ausgeliefert". In. LEON 05/2018.
   München 1994.
4. Reichelt, Frank: das System des Leistungssports. Tectum: Marburg 2006.
5. Reinartz, Klaus/Teichler, Hans Joachim: Das Leistungssportsystem in der DDR in der 80er Jahren und im Prozess der Wende. Hofmann: Schorndorf 1999.
6. Ulrich, Pabst: Sport–Medium der Politik. Bartels und Wernitz: Berlin 1980.
7. Witt, Katarina: Mein Leben zwischen Pflicht und Kür. C.Bertelsmann: München 1994.

9.2 Internetquellen:

1. https://www.mdr.de/damals/archiv/artikel75390.html (29.09.18)
2. http://www.spiegel.de/spiegel/print/d-45548080.html (26.12.18)
3. https://www.morgenpost.de/sport/article105050814/Flucht-aus-der-DDR-als-Wettkampf-des-Lebens.html / (26.12.18)
4. https://www.n-tv.de/sport/fussball/Falko-Goetz-ein-abgeworbener-Verraeter-article11662021.html (26.12.18)
5. https://www.ndr.de/sport/mehr_sport/DDR-Leistungssport-Kindheit-unter-Qualen,ddrleistungssport100.html (26.12.18)
6. https://www.zeit.de/sport/2011-07/juergen-may-stasi-ddr-sport-flucht (26.12.18)
7. https://deutsche-einheit-1990.de/ministerien/mfjs/deutsche-doping-republik-das-dopingsystem-der-ddr/ (26.12.18)
8. http://www.sport-ddr-roeder.de/nachwuchsleistungssport_3.html (12.01.19)
9. http://www.bpb.de/geschichte/deutsche-geschichte/stasi/219625/sport (13.01.19)
10. http://www.spiegel.de/einestages/leistungssport-in-der-ddr-a-947003.html (13.01.19)
11. https://rp-online.de/sport/ex-ddr-sportchef-manfred-ewald-gestorben_aid-8577487 (13.01.19)

12. https://www.augsburger-allgemeine.de/sport/Die-wichtigsten-Urteile-zum-Doping-im-DDR-Sport-id8555081.html (13.01.19)

13. https://www.ddr-museum.de/de/blog/archive/olympische-sommerspiele-und-die-ddr (17.01.19)

14. http://spiegel.de/sport/sonst/dopingopfer-krieger-vom-staat-missbraucht-a-643223.html (30.01.19)

15. https://www.planet-wissen.de/gesellschaft/sport/doping_gefaehrliche_mittel/pwiedopingopferheidikrieger100.html (30.01.19)

16. https://www.welt.de/print-wams/article603378/Die-Stasi-Akten-der-Katarina-Witt.html (07.02.19)

9.3 Abbildungen:

Abb. 3: https://www.olympia-lexikon.de/Medaillenspiegel_Mexico_City_1968 (28.05.19)

Abb. 4: https://www.olympia-lexikon.de/Medaillenspiegel_Seoul_1988 (28.05.19)

BEI GRIN MACHT SICH IHR WISSEN BEZAHLT

- Wir veröffentlichen Ihre Hausarbeit,
  Bachelor- und Masterarbeit

- Ihr eigenes eBook und Buch -
  weltweit in allen wichtigen Shops

- Verdienen Sie an jedem Verkauf

Jetzt bei www.GRIN.com hochladen
und kostenlos publizieren